Recettes gourmandes pour buffet apéro

Recettes gourmandes pour buffet apéro

EDITIONS ESI

60, rue Vitruve, 75020 Paris

Imprimé en France par Pollina à Luçon - L22254

ISBN : 978-2-35355-458-4 - N° Sofedis : S442232

RECETTES SALÉES

sommaire

RECETTES SUCRÉES

Bouchées aux crevettes

Préparation : 15 minutes • Difficulté : ★ Budget : ★

Pour 4 personnes

- 4 tranches de pain de mie complet
- Mayonnaise allégée
- 200 g de crevettes cuites (non décortiquées)
- 100 g d'œufs de truite
- 2 cuil. à soupe d'aneth haché

Découpez des cercles dans le pain de mie à l'aide d'un emporte-pièce et tartinez-les de mayonnaise.

Retirez la tête des crevettes et plantez les queues dans la mayonnaise.

Décorez avec 2 ou 3 œufs de truite et quelques brins d'aneth. Servez bien frais.

Brochettes automnales

Préparation : 10 minutes • Difficulté : ★ Budget : ★

Pour 4 personnes

- 250 g de gouda au cumin
- 4 figues
- 8 tranches de jambon de Parme

Détaillez le gouda au cumin et les figues en petits dés. Réservez.

Découpez en petites tranches le jambon de Parme et roulez-les. Réservez.

Montez le tout sur des pics en bambou en alternant le gouda, le jambon et les figues. Disposez sur un plat et mettez au réfrigérateur avant de servir.

Brochettes de concombre, purée de brocoli et lardons

Préparation : 20 minutes • Difficulté : ★ Budget : ★

Pour 4 personnes

- 200 g de brocoli
- 3 pommes de terre
- 100 g de lardons
- 1 concombre
- 50 g de tomates cerise
- 40 g de beurre
- 3 cuil. à soupe de crème fraîche épaisse allégée
- Sel et poivre

Coupez les tiges et enlevez les feuilles du brocoli. Lavez à l'eau vinaigrée et rincez sous l'eau courante, égouttez.

Épluchez et lavez les pommes de terre. Dans une casserole d'eau salée, portez à ébullition et laissez cuire pendant 15 minutes.

Vérifiez la cuisson du brocoli avec une fourchette. Elle doit se planter facilement dans le légume.

Égouttez et mixez le brocoli et les pommes de terre. Délayez avec un peu de crème fraîche jusqu'à obtention d'une purée onctueuse. Ajoutez une noisette de beurre, assaisonnez et réservez.

Dans une poêle beurrée, faites revenir les lardons. Réservez.

Lavez et découpez le concombre en fines lamelles.

À l'aide d'un cure-dent, disposez les lamelles de concombre en rouleaux et remplissez avec la purée de brocoli. Finissez avec quelques lardons grillés.

Conseil : vous pouvez aussi accompagner ces amuse-bouches de choux au fromage.

Brochettes fraîcheur

Préparation : 10 minutes • Difficulté : ★ Budget : ★

Pour 4 personnes

- 100 g de champignons de Paris
- 100 g de tomates cerise
- 4 pains pita
- 10 feuilles de basilic
- 2 cuil. à soupe d'huile d'olive
- 1 cuil. à soupe de vinaigre de framboise
- 100 g de salade frisée
- Sel et poivre

Lavez les champignons et coupez-les en lamelles épaisses dans le sens de la longueur. Coupez les tomates cerise en deux. Découpez les pitas en triangle. Réservez.

Montez les brochettes sur des mini piques en bambou en alternant un champignon, une tomate et une feuille de basilic.

Préparez la vinaigrette en mélangeant l'huile et le vinaigre de framboise. Assaisonnez.

Remplissez le fond de la verrine avec la salade nappée de vinaigrette et déposez un triangle de pita ainsi que deux brochettes. Servez bien frais.

Conseil : vous pouvez accompagner ces brochettes avec une sauce à la crème fraîche et aux fines herbes.

Cake aux olives et au saumon

Préparation : 15 minutes • Cuisson : 35 minutes • Difficulté : ★ Budget : ★

Pour 6 à 8 personnes

- 250 g de farine
- 1 sachet de levure chimique
- 4 œufs
- 10 cl de lait
- 50 g de pistaches mondées
- 10 cl d'huile d'olive
- 20 cl de vin blanc sec
- 200 g de saumon
- 100 g d'olives vertes dénoyautées
- Beurre
- Sel et poivre

Préchauffez le four à 180 °C (th. 6).

Dans un saladier, mélangez la farine, la levure, les œufs un à un, le lait, les pistaches, l'huile et le vin blanc.

Ajoutez le saumon et les olives. Assaisonnez.

Beurrez et farinez un moule à cake, versez-y la préparation et enfournez à 210 °C (th. 7) pour 35 minutes.

Canapés au fromage de chèvre et cœur d'artichaut

Préparation : 15 minutes • Difficulté : ★ Budget : ★

Pour 4 personnes

- 100 g de melon (découpé en billes)
- 20 cl de porto
- 6 tranches de jambon cru
- 250 g de sainte-maure de Touraine
- 4 cœurs d'artichaut
- 4 tranches de pain de seigle complet (vollkornbrot)
- 4 olives noires

Faites infuser les billes de melon dans le porto.

Coupez le jambon en fines lamelles, le sainte-maure de Touraine en rondelles et les cœurs d'artichaut en dés. Réservez.

Sur une tranche de pain, disposez une rondelle de fromage, le jambon cru en chiffonnade et les dés de cœurs d'artichaut.

Montez les billes de melon sur un cure-dent en terminant par une olive.

Piquez les brochettes dans les toasts et dégustez.

Canapés au jambon cru sur un tartare aux fines herbes

Préparation : 15 minutes • Difficulté : ★ Budget : ★

Pour 4 à 6 canapés

- 4 tranches de pain de mie complet
- 4 tranches de jambon cru
- ½ botte de ciboulette
- 1 gousse d'ail (hachée)
- 250 g de fromage frais allégé
- 6 tomates cerise
- Thym
- Sel et poivre

Coupez le pain de mie complet à l'aide d'un emporte-pièce rond et toastez-le. Coupez le jambon en fines lamelles.

À part, mélangez la ciboulette ciselée et l'ail haché au fromage frais allégé. Assaisonnez. Fouettez le tout pour obtenir une crème mousseuse. À l'aide d'une cuillère, tartinez le pain avec la crème de ciboulette.

Posez le jambon en chiffonnade sur le fromage frais fouetté. Ajoutez une moitié de tomate cerise parsemée de thym. Puis piquez à votre guise le jambon d'un brin de ciboulette ou d'un cure-dent jusqu'au pain. Laissez au frais avant de servir.

Conseil : le fromage frais allégé peut être remplacé par de la crème fraîche.

Canapés de pancetta fourrés à la poire

Préparation : 15 minutes • Difficulté : ★ Budget : ★

Pour 4 personnes

- 2 poires
- 50 g de roquette
- 2 cuil. à soupe d'huile de sésame
- 1 cuil. à soupe de vinaigre de cidre
- 8 tranches de pancetta
- Sel et poivre

Découpez les poires en quartiers. Lavez les feuilles de roquette et égouttez-les. Réservez.

Préparez la vinaigrette en mélangeant l'huile de sésame avec le vinaigre de cidre. Salez et poivrez. Puis versez sur la salade.

Prenez une tranche de pancetta et disposez des quartiers de poire et quelques feuilles de roquette assaisonnées au centre. Roulez la pancetta en serrant bien. Répétez l'opération avec toutes les tranches de pancetta. Servez bien frais.

Canapés de saumon fumé aux œufs de lump

Préparation : 25 minutes • Difficulté : ★ Budget : ★★

Pour 6 à 8 blinis

- 130 g de farine
- 1 cuil. à soupe de sucre en poudre
- 10 g de levure fraîche
- 12 cl de lait
- 1 œuf
- Huile végétale
- 50 g de beurre demi-sel (en pommade)
- 150 g de saumon fumé
- 50 g d'œufs de lump
- 100 g d'aneth
- 8 cuil. à café de crème fraîche épaisse
- Sel

Dans un saladier, disposez la farine en fontaine, le sucre et le sel. Délayez la levure dans le lait tiédi et ajoutez-la à la farine avec le jaune d'œuf. Mélangez jusqu'à obtenir une pâte homogène.

Battez le blanc d'œuf en neige avec une pincée de sel et incorporez-le délicatement à l'aide d'une spatule.

Dans une poêle chaudement huilée, faites cuire les blinis en faisant des petits tas de pâte. Laissez dorer la première face et retournez le blini à mi-cuisson. Retirez de la poêle et laissez refroidir.

Une fois les blinis refroidis, étalez à l'aide d'une spatule métallique une fine épaisseur de beurre sur chacun.

Disposez les tranches de saumon fumé en chiffonnade sur les blinis. Ajoutez 1 cuil. à café de crème fraîche, quelques œufs de lump et une branche d'aneth en guise de décoration. Réservez au frais jusqu'au moment de servir.

Canapés mousseline de truite fumée et crabe

Préparation : 20 minutes • Repos : 2 heures • Difficulté : ★★ Budget : ★★

- 10 tranches de pain de mie complet
- 40 cl de crème liquide entière
- 200 g de miettes de crabe
- 20 cl de vodka
- Le jus de 1 citron
- 200 g de truites (fumée)
- 20 g de paprika

Détaillez le pain de mie à l'aide d'un emporte-pièce rond et toastez-les.

Mélangez la crème, les miettes de crabe, la vodka et le jus de citron. Versez dans un siphon et réservez au frais pendant 2 heures.

Découpez en fines lamelles les tranches de truite fumée.

Sur les toasts, montez la crème au crabe en petits tas puis saupoudrez avec les lamelles de truite et de paprika. Servez très frais.

Chips de parmesan au bleu

Préparation : 30 minutes • Cuisson : 25 minutes • Difficulté : ★★ Budget : ★

Pour 6 à 8 personnes

- 1 aubergine
- 200 g de parmesan râpé
- 300 g de bleu d'Auvergne
- 50 g de feuilles de chêne
- 4 cuil. à café d'huile d'olive
- 3 cuil. à café de vinaigre balsamique
- Sel et poivre

Faites des petits tas de parmesan râpé sur du papier sulfurisé. Passez au gril pendant 5 minutes. Décollez délicatement les chips et laissez refroidir.

Découpez des rondelles d'aubergine. Faites-les cuire dans une casserole d'eau salée pendant 20 minutes. Une fois cuites, égouttez-les sur du papier absorbant. Salez et poivrez. Assaisonnez de vinaigre balsamique et d'huile d'olive.

À l'aide d'un emporte-pièce, découpez des cercles dans le bleu d'Auvergne.

Lavez et essorez la salade. Assaisonnez-la avec l'huile d'olive et le vinaigre. Salez et poivrez.

Dressez les toasts en alternant une rondelle d'aubergine, une rondelle de bleu et une couche de salade. Répétez deux fois l'opération et terminez en couvrant avec une chips de parmesan. Dégustez.

Concombres fourrés au fromage blanc et aux fines herbes

Préparation : 30 minutes • Repos : 1 heure • Difficulté : ★ Budget : ★

Pour 2 personnes

- 1 concombre
- ¼ de botte de persil
- ¼ de botte de ciboulette
- 8 cuil. à soupe de fromage blanc à 0 % de matière grasse
- Le jus de 1 citron
- ½ cuil. à café de paprika
- 1 cuil. à soupe de graines de sésame
- 3 cuil. à soupe de pignons de pin
- Sel et poivre

Lavez et pelez le concombre en laissant des bandes de 5 mm. Taillez des rondelles de 4 cm d'épaisseur et creusez-les.

Hachez le persil et la ciboulette, mélangez-les au fromage blanc. Ajoutez le jus de citron et le paprika. Assaisonnez.

Remplissez les tronçons de concombre de cette préparation. Décorez de graines de sésame et de pignons de pin puis mettez au frais 1 heure avant de servir.

Cuillères de chèvre frais à la ciboulette

Préparation : 10 minutes • Repos : 20 minutes • Difficulté : ★ Budget : ★

Pour 4 personnes

- 150 g de chèvre frais
- ½ botte de ciboulette
- 1 cuil. à soupe d'huile d'olive

Mélangez le fromage de chèvre avec la ciboulette hachée et l'huile d'olive.

Formez des boulettes en roulant le fromage entre vos mains. Répétez l'opération tant qu'il reste du fromage.

Disposez chaque boulette dans une cuillère à dégustation et réservez au frais jusqu'au service.

Conseil : vous pouvez également les rouler dans du paprika, avec des morceaux de noix ou de noisettes.

Gaspacho en verrines

Préparation : 5 minutes • Repos : 1 heure • Cuisson : 15 minutes • Difficulté : ★ Budget : ★

Pour 4 à 6 verrines

- 250 g de tomates concassées en boîte
- 1 cuil. à soupe d'huile d'olive
- 1 gousse d'ail
- 2 gouttes de Tabasco
- Sel et poivre

Dans une casserole, versez les tomates, l'huile d'olive et l'ail écrasé et faites chauffer à feu doux pendant 15 minutes. Laissez refroidir et mixez.

Salez, poivrez et ajoutez 2 gouttes de Tabasco.

Versez le gaspacho dans les verrines et placez au réfrigérateur 1 heure avant de servir.

Magret à la purée de pois chiches

Préparation : 30 minutes • Cuisson : 10 minutes • Difficulté : ★ Budget : ★

Pour 4 personnes

- 2 gousses d'ail
- 400 g de pois chiches en boîte
- 4 cuil. à soupe de crème de sésame (tahiné)
- Le jus de 2 citrons
- 12 tranches de magret de canard fumé
- 1 clémentine
- Persil
- 1 cuil. à café de paprika
- Sel

Pelez l'ail et écrasez-le. Faites bouillir les pois chiches dans 1 l d'eau salée pendant 10 minutes. Égouttez-les en réservant un peu d'eau du bouillon.

Mixez les pois chiches tièdes, la crème de sésame, le jus de citron, l'ail, le persil et le sel, en délayant avec un peu de bouillon, jusqu'à obtention d'une purée bien lisse.

Enroulez les tranches de magret autour d'un quartier de clémentine.

Remplissez les cuillères à dégustation avec la purée de pois chiches et plantez-y les rouleaux de magret. Saupoudrez d'un peu de paprika. Servez aussitôt.

Makis au saumon et concombre

Préparation : 30 minutes • Cuisson : 15 minutes • Repos : 30 minutes • Difficulté : ★ Budget : ★

Pour 4 personnes

- 200 g de riz rond
- 3 cuil. à soupe de vinaigre de riz
- 4 cuil. à café de sucre en poudre
- 4 feuilles de nori (algue)
- 1 cuil. à café de wasabi
- 125 g de saumon
- 1 concombre
- 2 cuil. à café de sel

Pour la sauce d'accompagnement :

- ½ cuil. à café d'huile de sésame
- 2 cuil. à soupe de vinaigre de riz
- 2 cuil. à soupe de sauce soja

Lavez le riz à grande eau avant la cuisson, faites-le cuire pendant 15 minutes. Égouttez.

Pendant la cuisson du riz, préparez l'assaisonnement. Dans une casserole, mélangez le vinaigre de riz, le sucre et le sel, puis portez à ébullition à découvert. Versez l'assaisonnement sur le riz cuit et mélangez.

Coupez les feuilles de nori en deux. Tartinez sur chacune un peu de wasabi. Étalez une couche de riz cuit sur toute la surface d'algue, en laissant à découvert une bordure de 2 cm.

Coupez le saumon en barres de 1 cm de large et le concombre en fins bâtonnets.

Disposez une barre de saumon et trois bâtonnets de concombre sur le riz.

Roulez les demi-feuilles d'algues garnies pour former un cylindre bien serré.

Placez au frais pendant 30 minutes. Puis coupez chaque rouleau en tronçons de 2 cm.

Préparez la sauce en mélangeant l'huile de sésame, le vinaigre de riz et sauce soja.

Servez bien frais avec la sauce.

Makis Philadelphia

Préparation : 30 minutes • Cuisson : 15 minutes • Repos : 30 minutes • Difficulté : ★★ Budget : ★★

Pour 4 personnes

- 200 g de riz rond
- 4 feuilles de nori (algue)
- 20 g de fromage frais Philadelphia (à la ciboulette)
- 4 tranches de saumon fumé
- 1 cuil. à soupe de graines de sésame

Pour la sauce :

- ½ cuil. à café d'huile de sésame
- 2 cuil. à soupe de vinaigre de riz
- 2 cuil. à soupe de sauce soja

Faites cuire le riz dans 3 fois son volume d'eau à feu doux pendant 15 minutes. Retirez du feu et laissez refroidir.

Prenez 1 feuille de nori, étalez une mince couche de riz cuit sur toute la surface de l'algue. Couvrez de papier film et renversez la préparation.

Mélangez le fromage avec les graines de sésame.

Étalez une couche de fromage sur toute la surface de l'algue. Retournez à nouveau la préparation et retirez le papier film. Couvrez avec une tranche de saumon fumé. Roulez en serrant le plus possible le rouleau sans déchirer la feuille d'algue.

Placez les rouleaux au frais pendant 30 minutes avant de les découper en tronçons de 2 cm de large.

Préparez la sauce. Dans un bol, mélangez l'huile de sésame, le vinaigre de riz et la sauce soja.

Servez bien frais avec la sauce.

Mini bruschetta tomate feta

Préparation : 15 minutes • Cuisson : 5 minutes • Difficulté : ★ Budget : ★

Pour 4 personnes

- 4 feuilles de basilic
- 3 tomates
- 2 cuil. à soupe d'huile d'olive
- 1 cuil. à soupe de vinaigre balsamique
- Le jus de 1 citron
- 150 g de feta
- 1 gousse d'ail
- 8 tranches de pain de campagne
- Sel et poivre

Préchauffez votre four à 200 °C (th. 6-7).

Hachez les feuilles de basilic. Coupez les tomates en petits dés en retirant les graines et le jus. Mettez le tout dans un bol avec l'huile d'olive, le vinaigre, le jus de citron, salez et poivrez. Mélangez puis saupoudrez de feta émiettée.

Pelez et dégermez l'ail.

Faites griller les tranches de pain sur les deux faces 5 minutes au four.

Une fois tièdes, frottez-les avec l'ail et arrosez-les d'un filet d'huile d'olive.

Servez les tartines avec la salade tomate feta bien fraîche.

Mini corolles aux épinards

Préparation : 15 minutes • Cuisson : 3 minutes • Difficulté : ★ Budget : ★

Pour 4 personnes

- 8 feuilles de brick
- Huile végétale
- 1 cuil. à café de graines de sésame
- 600 g d'épinards hachés
- 2 échalotes
- 1 fromage frais (type Carré frais)
- 1 cuil. à café de curry
- Sel et poivre

Découpez de grands carrés dans les feuilles de brick. Huilez chaque feuille de brick, roulez-les puis saupoudrez-les de graines de sésame.

Réalisez des corolles grâce à un cercle haut et posez le tout sur une plaque à pâtisserie. Enfournez à four très chaud à 220 °C (th. 7-8) pendant 3 minutes.

Émincez les épinards et les échalotes. Dans une poêle huilée, faites revenir les épinards et les échalotes avec 1 cuil. à café de curry. Ajoutez le fromage frais. Salez et poivrez.

Sortez les corolles du four. Décerclez et garnissez-les ensuite du mélange épinards-fromage frais.

Servez chaud.

Mini tartes au caviar

Préparation : 20 minutes • Cuisson : 13 minutes • Difficulté : ★ Budget : ★★★

Pour 4 personnes

- 1 œuf
- 65 g de sucre en poudre
- 250 g de farine
- Le jus de ½ citron
- 100 g de beurre
- 100 g de fromage frais
- 50 g de caviar
- 4 branches d'aneth
- Sel

Dans un bol, délayez l'œuf avec le sucre en poudre et une pincée de sel.

Faites fondre le beurre au micro-ondes pendant 1 minute.

Mettez la farine sur le plan de travail, faites un puits au centre, versez-y le contenu du bol et le jus du ½ citron, puis le beurre fondu.

Malaxez le tout jusqu'à obtenir une pâte homogène. Étalez-la dans des petits moules à tartelettes.

Après avoir préchauffé le four à 180 °C (th. 6), enfournez les tartelettes pour 12 minutes.

Une fois la pâte cuite, laissez refroidir, puis démoulez.

Remplissez le fond des tartes avec le fromage et couvrez avec le caviar.

Décorez les tartelettes avec une petite branche d'aneth.

Servez frais.

Mini feuilletés de saucisse au pavot

Préparation : 15 minutes • Cuisson : 15 minutes • Difficulté : ★ Budget : ★

Pour 4 personnes

- 1 pâte feuilletée
- 16 saucisses cocktail
- 50 g de graines de pavot

Déroulez la pâte et découpez-la en lamelles de 3 cm de largeur.

Enroulez une saucisse par lamelle et saupoudrez de graines de pavot.

Préchauffez le four à 180 °C (th. 6).

Disposez les feuilletés sur une plaque du four recouverte de papier sulfurisé et laissez cuire pendant 15 minutes.

Servez chaud.

Mini muffins à la tomate

Préparation : 15 minutes • Cuisson : 20 minutes • Difficulté : ★ Budget : ★

Pour 4 personnes

- 120 g de tomates séchées
- 50 g de basilic
- 1 cuil. à café de levure chimique
- 175 g de farine
- ½ cuil. à soupe de parmesan râpé
- 1 œuf
- 150 g de yaourt nature
- 1 cuil. à soupe d'huile d'olive
- 2 tomates cerise
- Sel

Préchauffez le four à 180 °C (th. 6).

Émincez les tomates séchées et ciselez le basilic.

Dans un saladier, tamisez la levure, la farine, le parmesan. Ajoutez une pincée de sel.

Dans un autre récipient, battez l'œuf avec le yaourt, ajoutez les tomates séchées, le basilic et l'huile d'olive. Mélangez les 2 préparations sans trop travailler la pâte.

À l'aide d'une cuillère, garnissez les moules à mini muffins. Rajoutez une moitié de tomate cerise sur le haut du muffin. Enfournez pour 20 minutes.

Laissez les muffins refroidir quelques minutes dans leur moule avant de démouler et servir.

Mini shawarma au poulet

Préparation : 15 minutes • Marinade : 2 heures • Cuisson : 40 minutes • Difficulté : ★ Budget : ★

Pour 4 personnes

- 3 cuil. à soupe de vinaigre de malt
- 1 cuil. à soupe d'huile d'olive
- 1 cuil. à café de garam masala
- Cardamome en poudre
- 4 blancs de poulet
- 8 pains pita
- Sel et poivre

Dans un plat en verre, mélangez le vinaigre de malt, l'huile d'olive, le garam masala, 1 pincée de cardamome, le sel et le poivre. Enduisez les blancs de poulet avec cette sauce.

Couvrez avec du papier d'aluminium et laissez mariner pendant 2 heures.

Préchauffez le four à 200 °C (th. 6-7).

Enfournez la marinade et faites cuire 30 minutes à 180 °C (th. 6) en retournant les blancs à mi-cuisson.

Retirez le papier d'aluminium et laissez encore 10 minutes au four pour dorer le poulet.

Découpez-le en fines lamelles et garnissez en les mini galettes de pita.

Assaisonnez selon votre goût.

Mini tartelettes aux olives et aux poires rouges

Préparation : 15 minutes • Cuisson : 5 minutes • Difficulté : ★ Budget : ★

Pour 4 personnes

- 1 pâte feuilletée
- 100 g de crème fraîche épaisse allégée
- 1 cuil. à café de vinaigre de cidre
- 1 poire rouge
- 50 g d'olives vertes dénoyautées
- Sel et poivre

Déroulez la pâte feuilletée, utilisez un moule ou un verre afin de faire d'y petits ronds. Réservez.

Dans un bol, mélangez la crème fraîche avec le vinaigre de cidre, le sel et le poivre.

Découpez la poire en fines tranches. Réservez.

Placez la pâte feuilletée dans de petits moules.

Enfournez à 180 °C (th. 6) pour 5 minutes.

Une fois la pâte cuite, laissez refroidir. Démoulez et remplissez avec la crème, ajoutez une olive verte et une tranche de poire.

Servez bien frais.

Mise en bouche de jambon aux fines herbes

Préparation : 10 minutes • Difficulté : ★ Budget : ★

Pour 6 personnes

- 100 g de fromage frais à l'ail et aux fines herbes
- 6 tranches de jambon blanc
- 100 g de ciboulette

Étalez une couche de fromage à l'ail et aux fines herbes sur le jambon et enroulez-le.

Découpez-le en petits tronçons de 2 à 3 cm.

Attachez-les avec un brin de ciboulette.

Servez bien frais.

Œufs de caille coiffés en vert

Préparation : 10 minutes • Cuisson : 10 minutes • Difficulté : ★ Budget : ★★

Pour 4 personnes

- 12 œufs de caille
- 1 concombre
- 30 g de mayonnaise allégée
- 100 g d'écrevisses cuites et décortiquées
- Quelques graines de pavot
- Sel et poivre

Dans une casserole, faites cuire les œufs pendant 10 minutes.

Lavez le concombre et découpez-le en fines rondelles. Réservez.

Une fois les œufs cuits, épluchez et coupez-les en deux dans le sens de la hauteur. Videz-les de leur jaune. Réservez les blancs.

Dans un bol, écrasez les jaunes, ajoutez la mayonnaise. Assaisonnez et mélangez.

Incorporez ce mélange dans le blanc d'œuf. Piquez une rondelle de concombre à l'aide d'un cure-dent et décorez avec les écrevisses. Sapoudrez de quelques graines de pavot.

Réservez au frais pendant 30 minutes avant de servir.

Pain au sésame au roquefort

Préparation : 10 minutes • Cuisson : 5 minutes • Difficulté : ★ Budget : ★

Pour 4 personnes

- 1 melon
- 20 cl de porto
- 1 baguette aux graines de sésame
- 100 g de roquefort
- 4 tranches de jambon de Parme
- 50 g de roquette

Détaillez la chair du melon en petits dés et noyez-les dans du porto. Réservez.

Tranchez le pain au sésame et faites-le griller 5 minutes dans le four.

Découpez le roquefort en tranches de 2 mm d'épaisseur et disposez en une par tartine. Ajoutez le jambon roulé au préalable.

Égouttez les dés de melon et disposez-les à côté du rouleau de jambon.

Décorez avec quelques feuilles de roquette.

Servez bien frais.

Pain de campagne au saumon fumé et aux câpres

Préparation : 10 minutes • Difficulté : ★ Budget : ★

Pour 4 personnes

- 4 tranches de pain de campagne
- 150 g de saumon fumé
- 1 oignon rouge
- 100 g de câpres
- Huile d'olive
- Le jus de ½ citron
- 100 g d'aneth

Découpez 4 belles tranches de pain de campagne. Disposez le saumon fumé finement tranché sur les tartines et couvrez avec quelques rondelles d'oignon. Ajoutez les câpres.

Nappez d'huile d'olive et d'un jet de citron.

Décorez avec une branche d'aneth hachée et dégustez aussitôt.

Pain grillé au chèvre frais et fines herbes

Préparation : 15 minutes • Cuisson : 5 minutes • Difficulté : ★ Budget : ★

Pour 4 personnes

- 1 baguette
- 150 de chèvre frais
- 30 g de miettes de crabe
- 30 g de ciboulette
- 30 g de basilic
- Sel et poivre

Découpez la baguette en tranches fines et faites-les griller au four pendant 5 minutes.

Dans un bol, mélangez le fromage de chèvre, les miettes de crabe, la ciboulette ciselée et le basilic haché. Assaisonnez et réservez.

Étalez le chèvre frais assaisonné sur les tranches de pain grillé. Servez.

Pétoncles au brocoli et au lard grillé

Préparation : 30 minutes • Cuisson : 20 minutes • Difficulté : ★ Budget : ★★

Pour 4 personnes

- 2 échalotes
- 20 g de beurre
- 500 g de noix de pétoncles
- 300 g de brocolis
- 200 g de lard
- Sel et poivre

Dans une sauteuse, faites blondir les échalotes émincées avec le beurre. Ajoutez les pétoncles et laissez blondir 5 minutes.

Ajoutez le brocoli nettoyé au préalable et séparé en petits bouquets. Posez un couvercle sur la sauteuse et laissez étuver 5 à 8 minutes. Salez et poivrez.

Dans une poêle, faites griller les fines tranches de lard. Réservez.

Mixez les brocolis et les échalotes en purée. Montez la crème de brocoli en cercle, puis disposez les pétoncles par-dessus. Décorez avec une chips de lard grillé.

Servez chaud.

Rouleaux de jambon de Parme aux grissini

Préparation : 5 minutes • Difficulté : ★ Budget : ★

Pour 6 à 8 personnes

- 1 paquet de grissini nature
- 200 g de jambon de Parme
- 100 g d'olives vertes

Prenez un grissini et enroulez-le d'une fine tranche de jambon de Parme.

Accompagnez-les d'olives vertes puis servez.

Roulés de jambon cru au fromage

Préparation : 5 minutes • Difficulté : ★ Budget : ★

Pour 4 personnes

- 250 g de comté
- 8 tranches de jambon de Parme

Découpez le comté dans le sens de la longueur pour obtenir des bâtonnets de 6 cm.

Enroulez le jambon de Parme autour des bâtonnets de fromage et piquez-les d'un cure-dent. Servez aussitôt.

Roulés de saumon fumé à l'aneth

Préparation : 10 minutes • Repos : 1 heure • Difficulté : ★ Budget : ★★

Pour 4 personnes

- 200 g de yaourts grecs
- 1 gousse d'ail
- 50 g d'aneth
- 1 cuil. à soupe d'huile d'olive
- Le jus de ½ citron
- 4 tranches de saumon fumé
- 12 biscuits apéritifs
- Sel et poivre

Préparez la crème à l'aneth. Mettez le yaourt dans un bol avec l'ail pressé et l'aneth grossièrement émincé. Salez et poivrez. Versez l'huile et le jus du ½ citron. Mélangez et réservez 1 heure au frais.

Tartinez les tranches de saumon avec la crème à l'aneth et roulez-les.

Découpez les rouleaux en rondelles de 5 mm d'épaisseur et disposez en une par biscuit.

Décorez avec une feuille d'aneth.

Servez frais.

Salade tomate mozzarella

Préparation : 10 minutes • Difficulté : ★ Budget : ★

Pour 4 personnes

- 4 tranches de pain
- 3 tomates
- 1 boule de mozzarella
- 2 cuil. à soupe d'huile d'olive
- 1 cuil. à café de vinaigre de vin
- 5 feuilles de basilic
- Sel et poivre

Faites griller le pain.

Lavez, épépinez et détaillez les tomates en petits dés. Coupez la mozzarella en petits cubes.

Préparez la vinaigrette en mélangeant l'huile d'olive, le vinaigre et les feuilles de basilic. Assaisonnez. Versez sur le mélange tomate mozzarella et nappez les tranches de pain toastées.

Dégustez aussitôt.

Tapenade aux olives noires

Préparation : 15 minutes • Difficulté : ★ Budget : ★

Pour 4 personnes

- 200 g d'olives noires dénoyautées
- 1 cuil. à soupe de câpres
- 1 gousse d'ail
- 2 filets d'anchois
- 1 cuil. à soupe d'huile d'olive
- Le jus de 1 citron
- Feuilles de basilic
- Poivre du moulin

À l'aide d'un pilon et d'un mortier, écrasez les olives, les câpres lavées, la gousse d'ail pelée et les filets d'anchois.

Dans un bol, fouettez le tout et montez à l'huile d'olive comme pour une mayonnaise.

Poivrez et ajoutez le jus de citron. Décorez de feuilles de basilic.

Réservez au réfrigérateur jusqu'au moment de servir.

Tartare de saumon aux œufs de truite

Préparation : 10 minutes • Repos : 1 heure • Difficulté : ★ Budget : ★★

Pour 4 personnes

- 2 pavés de saumon
- 2 cuil. à soupe d'huile d'olive
- 2 cuil. à café de sauce soja
- 2 cuil. à café de jus de citron
- Œufs de saumon
- 4 branches d'aneth
- Œufs de truite
- Sel et poivre

Détaillez le saumon en petits dés.

Préparez la marinade. Dans un saladier, mélangez l'huile d'olive, la sauce soja et le jus de citron. Assaisonnez et plongez-y les dés de saumon.

Recouvrez le saladier à l'aide d'un papier film et placez au réfrigérateur pendant 1 heure minimum.

Avant de servir, dressez les tartares de saumon à l'aide d'un emporte-pièce. Placez dessus quelques œufs de truite et piquez-y 1 brin d'aneth.

Soulevez délicatement le cercle, le tartare doit parfaitement se tenir.

Conseil : vous pouvez accompagner le tartare de saumon d'une sauce à la crème fraîche et aux herbes fraîches.

Toasts au brie et aux asperges

Préparation : 10 minutes • Cuisson : 20 minutes • Difficulté : ★ Budget : ★

Pour 6 à 8 personnes

- 6 tranches de pain de mie complet
- 1 botte d'asperges vertes
- 100 g d'olives noires dénoyautées
- 200 g de brie
- Huile d'olive
- Sel et poivre

Découpez le pain de mie complet en quatre afin d'obtenir des carrés. Réservez.

Faites bouillir les asperges dans 1,5 l d'eau salée pendant 20 minutes.

Égouttez et réservez.

Découpez les olives noires en deux. Réservez-les dans un bol.

Découpez le brie en petits carrés. Réservez.

Posez un carré de brie par toast et couvrez avec deux têtes d'asperge et deux demi-olives.

Nappez avec un filet d'huile d'olive, assaisonnez et dégustez aussitôt.

Toasts au camembert et à l'avocat

Préparation : 15 minutes • Difficulté : ★ Budget : ★

Pour 4 personnes

- 4 tranches de pain de mie complet
- 2 avocats
- ½ camembert
- ½ botte de ciboulette
- Huile d'olive
- 30 g de persil

Découpez le pain complet en quatre pour obtenir des petits toasts carrés. Réservez.

Épluchez les avocats et découpez-les en fines lamelles. Réservez.

Découpez le camembert en parts très fines. Réservez.

Dressez les toasts en superposant une couche de camembert et une couche d'avocat. Saupoudrez avec la ciboulette ciselée et arrosez d'un filet d'huile d'olive. Décorez de petites branches de persil.

Servez bien frais.

Toasts de crevettes au soja

Préparation : 15 minutes • Difficulté : ★ Budget : ★

Pour 4 personnes

- 50 g de batavia
- 2 cuil. à soupe d'huile d'olive
- 1 cuil. à soupe de vinaigre balsamique
- 1 échalote
- 100 g de pousses de soja
- 8 tranches de pain de mie complet
- 150 g de crevettes cuites et décortiquées
- Sel et poivre

Lavez et essorez la salade. Réservez.

Préparez la vinaigrette en mélangeant l'huile, le vinaigre et l'échalote émincée. Assaisonnez.

Ajoutez la salade et les pousses de soja égouttées et mélangez.

Découpez le pain de mie complet en quatre afin d'obtenir des carrés.

Faites un petit tas de salade sur chaque toast et disposez les crevettes au sommet.

Dégustez aussitôt.

Toasts de crevettes à la brousse

Préparation : 15 minutes • Difficulté : ★ Budget : ★★

Pour 4 personnes

- 20 cl de crème liquide entière
- 150 g de brousse
- Herbes de Provence
- 1 pain de campagne
- 50 g de laitue
- 10 crevettes cuites et décortiquées
- Sel et poivre

Dans un bol, fouettez la crème en chantilly. Incorporez à la brousse et ajoutez les herbes de Provence. Assaisonnez.

Étalez la préparation sur les tranches de pain de campagne.

Couvrez avec quelques feuilles de laitue et une grosse crevette.

Conservez les toasts au frais jusqu'au moment de servir.

Triangle de saumon fumé à la ricotta

Préparation : 10 minutes • Difficulté : ★ Budget : ★

Pour 4 personnes

- 4 tranches de pain de mie complet
- 1 concombre
- 4 tranches de saumon fumé
- 200 g de ricotta
- 50 g d'œufs de lump
- ½ botte d'aneth
- Le jus de 1 citron

Découpez les tranches de pain de mie complet en 2 triangles.

Émincez le concombre en fines rondelles. Réservez.

Coupez le saumon fumé en lamelles. Réservez.

Étalez une couche de ricotta sur les triangles. Couvrez avec une rondelle de concombre, puis avec une tranche de saumon fumé plié en deux.

Ajoutez quelques œufs de lump, une branche d'aneth et nappez les tartines avec le jus de citron.

Placez au frais jusqu'au moment de servir.

Verrines aux œufs de lump

Préparation : 15 minutes • Difficulté : ★ Budget : ★

Pour 4 personnes

- 100 g de crème fraîche épaisse
- Le jus de 1 citron
- Tabasco
- 200 g d'œufs de lump (100 g noirs + 100 g rouges)
- Sel et poivre

Dans un saladier, mélangez la crème fraîche avec le jus de citron et quelques gouttes de Tabasco. Assaisonnez.

Remplissez les verrines en alternant une couche de crème avec une couche d'œufs de lump noirs puis une couche de crème et une couche d'œufs de lump rouges.

Placez les verrines au réfrigérateur jusqu'au moment de servir.

Verrines crevettes et pamplemousse

Préparation : 20 minutes • Difficulté : ★ Budget : ★★

Pour 8 personnes

- 2 pamplemousses
- 500 g de crevettes roses décortiquées

Pour la sauce cocktail

- 1 cuil. à soupe de mayonnaise allégée
- 20 cl de purée de tomates
- 2 cuil. à café de whisky
- ½ cuil. à café de jus de citron
- Tabasco
- Sel et poivre

Pelez et détaillez les pamplemousses en gros cubes. Mélangez aux crevettes et remplissez les verrines.

Préparez la sauce cocktail. Dans un bol, versez la mayonnaise allégée, la purée de tomates, le whisky, le jus de citron et 1 goutte de Tabasco. Assaisonnez et mélangez.

Incorporez la sauce cocktail au mélange pamplemousse crevettes et réservez au frais jusqu'au moment de servir.

Verrines de saumon au fromage blanc

Préparation : 15 minutes • Difficulté : ★ Budget : ★★

Pour 4 personnes

- 4 tranches de saumon fumé
- 2 oignons
- 1 botte de ciboulette
- 150 g de fromage blanc
- Le jus de 1 citron
- Sel et poivre

Découpez les tranches de saumon en fines lamelles.

Détaillez les oignons en petits dés.

Hachez la ciboulette.

Dans un bol, versez le fromage blanc, le jus de citron et la ciboulette hachée. Assaisonnez et mélangez.

Remplissez les verrines avec les dés de saumon et d'oignon. Puis nappez avec la sauce au fromage blanc.

Parsemez le tout de poivre et de ciboulette ciselée.

Placez au frais jusqu'au moment de servir.

Aspic à la fraise

Préparation : 10 minutes • Repos : 1 heure • Cuisson : 1 minute • Difficulté : ★ Budget : ★

Pour 6 verrines

- 400 g de fraises
- 2 cuil. à café d'agar-agar
- 20 cl de jus de fraise
- 20 g de sucre en poudre

Lavez les fraises, coupez-les en gros morceaux et placez-les au fond des verrines.

Délayez l'agar-agar dans le jus de fraise et faites chauffer. Maintenez 1 minute à ébullition et retirez du feu. Ajoutez le sucre et mélangez.

Versez sur les fraises et placez au frais pendant 1 heure avant de servir.

Baklava royale

Préparation : 30 minutes • Repos : 2 h 20 • Cuisson : 35 minutes • Difficulté : ★★ Budget : ★

Pour 6 personnes

- 400 g de noisettes
- 3 cuil. à soupe de sucre en poudre
- 1 cuil. à soupe de cannelle en poudre
- 17 feuilles de pâte filo
- Beurre

Pour le sirop

- 300 g de sucre en poudre
- 3 cuil. à soupe de miel
- 2 cuil. à soupe de jus de citron

Préparez la garniture de fruits secs. Concassez les noisettes et mélangez-les avec le sucre et la cannelle.

Beurrez au pinceau le moule de cuisson et déposez 1 feuille de pâte filo bien dépliée. Beurrez-la au pinceau. Répétez cette opération 5 fois puis ajoutez le tiers de la garniture de noisettes. Empilez encore 2 feuilles de pâte filo beurrées, un autre tiers de noisettes, 3 nouvelles feuilles de pâte, le reste de la garniture et 6 nouvelles feuilles.

Pratiquez quelques incisions sur la pâte du dessus à l'aide d'un couteau bien aiguisé.

Découpez la pâte en losanges à l'aide d'un couteau bien tranchant. Humectez le gâteau avec un peu d'eau et placez au four à 200 °C (th. 6-7) pendant 30 minutes.

Préparez le sirop. Faites bouillir le sucre, 30 cl d'eau, le miel et le jus de citron pendant 10 secondes. Retirez du feu et laissez reposer pendant 20 minutes.

Versez ensuite le sirop sur le baklava chaud puis laissez-le refroidir pendant 2 heures avant de déguster.

Beignets aux pommes

Préparation : 20 minutes • Repos : 30 minutes • Cuisson : 30 minutes • Difficulté : ★ Budget : ★

Pour 4 personnes

- 250 g de farine
- 2 œufs
- 3 cuil. à soupe d'huile d'olive
- 25 cl de lait
- 5 cl de calvados
- 10 g de cannelle en poudre
- Huile à frire
- 4 pommes boskoop
- 30 g de sucre glace
- Sel

Placez la farine en fontaine dans un récipient.

Cassez les œufs en entier et disposez-les au centre d'un autre récipient avec le sel et l'huile. Mélangez au fouet en incorporant la farine progressivement puis en ajoutant le lait petit à petit. Le mélange doit être homogène et sans grumeaux.

Parfumez avec la liqueur de calvados et la cannelle, et laissez reposer pendant 30 minutes.

Faites chauffer la friteuse. Pendant ce temps, pelez les pommes, ôtez les pépins et la peau. Coupez-les en morceaux. Quand l'huile semble bien chaude, trempez les morceaux de pommes dans la pâte et plongez-les lentement dans la friteuse. Laissez-les dorer. Puis retournez-les pour dorer l'autre face. Égouttez-les et déposez-les sur du papier absorbant.

Saupoudrez-les de cannelle et de sucre glace.

Servez chaud ou tiède.

Bouchées au chocolat

Préparation : 10 minutes • Cuisson : 30 minutes • Difficulté : ★ Budget : ★

Pour 6 personnes

Pour le biscuit

- 2 œufs
- 120 g de farine
- 100 g de sucre en poudre
- 80 g de chocolat pâtissier
- 75 g de beurre
- 40 g de pralin en poudre

Pour la crème

- 2 jaunes d'œufs
- 40 g de sucre en poudre
- 17 cl de lait concentré non sucré
- 12 cl de crème liquide entière
- 125 g de chocolat noir à 60 % de cacao
- 2 cuil. à café de cointreau
- 1 cuil. à café d'agar-agar
- Cacao amer en poudre

Préparez le biscuit. Fouettez les œufs avec le sucre jusqu'à ce que le mélange blanchisse. Faites fondre le chocolat avec le beurre 2 minutes au micro-ondes, mélangez, laissez tiédir puis versez ce mélange sur le mélange œufs-sucre. Ajoutez la farine et le pralin en poudre puis mélangez le tout énergiquement.

Sur une plaque recouverte de papier sulfurisé, versez la pâte et enfournez à 175 °C (th. 5-6) pour 13 à 15 minutes. Laissez refroidir puis décoller le papier. Réservez.

Préparez la crème. Blanchissez les jaunes avec le sucre, faites chauffer le lait et la crème. Délayez le mélange œufs-sucre avec un peu de crème puis versez le reste et laissez cuire quelques minutes sans cesser de remuer.

Faites fondre le chocolat et incorporez-le à la crème anglaise chaude, ajoutez le cointreau ainsi que l'agar-agar dissout dans un peu d'eau. Mélangez.

Découpez le biscuit en bandes de 10 cm de largeur. Superposez en alternant un biscuit avec une couche de crème au chocolat. Répétez l'opération 2 fois.

Saupoudrez de cacao amer et découpez des petits cubes de 2 cm de côté.

Chouquettes

Préparation : 15 minutes • Cuisson : 30 minutes • Difficulté : ★ Budget : ★

Pour 5 personnes

- 1 cuil. à soupe de sucre en poudre
- 80 g de beurre
- 125 g de farine
- 3 gros œufs
- 2 cuil. à soupe de sucre en gros cristaux
- ½ cuil. à café de sel

Dans une casserole, faites chauffer à feu doux 25 cl d'eau avec le sel, le sucre en poudre et le beurre. Quand ce dernier est fondu, versez d'un seul coup la farine et mélangez vigoureusement avec une cuillère en bois jusqu'à ce que la pâte se détache des parois.

Hors du feu, incorporez les œufs et fouettez vigoureusement.

Déposez sur une plaque à four recouvert de papier sulfurisé des petits tas de pâte, espacés de 2 à 3 cm. Saupoudrez chaque tas de quelques cristaux de sucre.

Enfournez à 180 °C (th. 6) pour 30 minutes.

Conseil : vous pouvez servir les chouquettes avec une sauce au chocolat ou de la glace.

Compote de pommes à la cannelle

Préparation : 10 minutes • Cuisson : 15 minutes • Difficulté : ★ Budget : ★

Pour 4 personnes

- 2 pommes reinette
- 10 g de pralin en poudre
- 10 g de cannelle en poudre

Épluchez les pommes et coupez-les en petits morceaux.

Mettez-les dans une casserole, ajoutez un peu d'eau et laissez cuire 15 minutes à feu moyen.

Laissez refroidir les morceaux de pommes puis placez-les dans des petits ramequins. Saupoudrez de pralin et de cannelle.

Servez tiède ou froid.

Crêpes au fromage blanc

Préparation : 20 minutes • Repos : 30 minutes • Cuisson : 20 minutes • Difficulté : ★ Budget : ★

Pour 6 personnes

- 240 g de fromage blanc frais
- 250 g de farine type 55
- 3 œufs
- 25 cl de lait écrémé
- 25 cl de bière blonde
- 100 g de sucre en poudre
- Beurre
- Le jus de ½ citron
- Sel

Dans une passoire, placez le fromage blanc à égoutter pendant 20 minutes.

Préparez la pâte à crêpe en mélangeant énergiquement la farine, les œufs, le lait, la bière, 50 g de sucre et une pincée de sel jusqu'à obtenir une pâte homogène et sans grumeaux.

Laissez reposer 30 minutes.

Dans une poêle beurrée, faites cuire les crêpes. Réservez au chaud.

Fouettez le fromage blanc avec le sucre restant. Ajoutez le jus de citron.

Étalez le fromage sur la crêpe, roulez et dégustez aussitôt.

Conseil : vous pouvez rajouter un nappage au miel et quelques éclats d'amande.

Gourmandises aux amandes et à la noix de coco

Préparation : 10 minutes • Repos : 30 minutes • Difficulté : ★ Budget : ★

Pour 15 boulettes

- 1 sachet de pâte d'amande
- 100 g de noix de coco râpée

Coupez la pâte d'amande en plusieurs morceaux. Travaillez-la entre vos mains jusqu'à obtenir des boulettes bien régulières.

Roulez les boulettes dans la noix de coco râpée.

Placez au frais pendant 30 minutes avant de déguster.

Macarons à la pistache

Préparation : 30 minutes • Repos : 30 minutes • Cuisson : 14 minutes • Difficulté : ★★ Budget : ★

Pour 35 macarons

Pour le biscuit

- 20 g de pistaches
- 125 g de poudre d'amandes
- 170 g de sucre glace
- 3 blancs d'œufs
- 30 g de sucre en poudre
- 1 cuil. à café de colorant vert

Pour la ganache

- 2 jaunes d'œufs
- 2 sachets de sucre vanillé
- 10 cl de crème liquide
- 50 g de pâte de pistache
- 20 g de beurre

Préparez le biscuit macaron. Mixez les pistaches. Mélangez-les avec la poudre d'amandes et le sucre glace.

Montez les blancs en neige. Quand ils sont bien fermes, ajoutez progressivement le sucre sans cesser de fouetter.

Incorporez-les délicatement au mélange précédent avec une spatule. Ajoutez le colorant.

Sur une plaque couverte de papier sulfurisé, dressez les macarons à l'aide d'une poche à douille. Laissez reposer pendant 30 minutes et enfournez à 135 °C (th. 4-5) pour 14 minutes.

Pendant ce temps, préparez la ganache. Mélangez les jaunes avec un sachet de sucre vanillé. Chauffez la crème avec la pâte de pistache et l'autre sachet de sucre vanillé. Ajoutez les œufs, faites épaissir sans cesser de mélanger. La préparation ne doit pas bouillir.

Ajoutez le beurre ramolli avant que l'appareil ne refroidisse et réservez au frais.

À la sortie du four, laissez refroidir, puis décollez délicatement les macarons.

Garnissez les macarons avec la crème de pistache et collez les coques l'une sur l'autre.

Macaron au chocolat avec sa mousse

Préparation : 10 minutes • Repos : 2 heures • Difficulté : ★ Budget : ★

Pour 4 personnes

- 8 gros macarons au chocolat
- 8 petits macarons marron

Pour la mousse au chocolat

- 100 g de chocolat noir
- 3 œufs
- 1 sachet de sucre vanillé

Préparez la mousse au chocolat. Dans une casserole, faites ramollir le chocolat à feu doux en remuant régulièrement. Ajoutez les jaunes et le sucre vanillé.

Battez les blancs en neige bien ferme. Incorporez-les délicatement à l'aide d'une spatule. Mettez au frais pendant 2 heures.

Dressez les macarons tout chocolat. Utilisez un gros macaron en guise de base. À l'aide d'une poche à douille, faites un tas de mousse au chocolat sur le biscuit puis collez un petit macaron par-dessus. Répétez l'opération avec tous les macarons.

Dégustez aussitôt avec un café.

Mascarpone à la gelée d'oranges sanguines

Préparation : 20 minutes • Cuisson : 5 minutes • Repos : 2 heures • Difficulté : ★ Budget : ★

Pour 12 verrines

Pour la crème de mascarpone

- 1 jaune d'œuf
- 60 g de sucre en poudre
- 60 g de mascarpone

Pour l'aspic d'oranges sanguines

- ¼ cuil. à café d'agar-agar
- 25 cl de jus d'orange sanguine
- 40 g de sucre en poudre

Battez le jaune d'œuf et le sucre jusqu'à ce que le mélange blanchisse. Ajoutez le mascarpone et mélangez énergiquement au fouet jusqu'à obtenir une crème onctueuse. Réservez.

Préparez l'aspic d'oranges. Dans une casserole, faites dissoudre l'agar-agar dans le jus d'orange sanguine. Maintenez à ébullition pendant 1 minute et retirez du feu. Ajoutez le sucre. Mélangez.

Remplissez le fond des verrines avec une couche d'aspic aux oranges sanguines et placez au réfrigérateur pendant 1 heure. Couvrez avec la crème de mascarpone. Puis ajoutez une nouvelle couche d'aspic à l'orange. Réservez à nouveau au frais pendant 1 heure.

Décorez les verrines avec des quartiers d'oranges et des bâtons de vanille.

Meringue aux fruits des bois

Préparation : 5 minutes • Cuisson : 45 minutes • Difficulté : ★ Budget : ★

Pour 20 meringues

- 100 g de fruits des bois
- 4 blancs d'œufs
- 250 g de sucre en poudre

Préchauffez le four à 180 °C (th. 6).

Mixez la moitié des fruits des bois et passez le jus au chinois.

Dans un saladier, battez les blancs d'œufs. Ajoutez le sucre par petites quantités tout en continuant de battre, puis le jus des fruits des bois.

Sur une plaque de four recouverte de papier sulfurisé, formez des petits tas à l'aide d'une poche à douille.

Faites cuire les meringues à 120 °C (th. 4) pendant 40 minutes.

Sortez la plaque du four et décorez les meringues avec les fruits des bois restants. Enfournez encore 5 minutes.

Servez une fois refroidies.

Mini cakes gourmets au caramel

Préparation : 20 minutes • Cuisson : 25 minutes • Repos : 1 heure • Difficulté : ★ Budget : ★

Pour 10 mini cakes

- 90 g de beurre mou
- 1 sachet de sucre vanillé
- 2 œufs
- 150 g de farine
- 2 cuil. à soupe de crème liquide entière

Pour le glaçage

- 100 g de sucre en poudre
- 35 g de beurre salé
- 1 cuil. à soupe de mascarpone

Préchauffez le four à 180 °C (th. 6).

Dans un saladier, fouettez le beurre mou avec le sucre vanillé. Ajoutez les œufs un à un. Versez progressivement la farine tamisée sans cesser de remuer. Terminez avec la crème liquide. Mélangez jusqu'à obtenir une pâte homogène.

Répartissez la préparation dans des moules à mini cakes en silicone ronds. Enfournez pour 20 minutes.

Préparez le glaçage. Dans une casserole, faites fondre le sucre dans 2 cuil. à soupe d'eau, jusqu'à ce que le caramel brunisse. Hors du feu, ajoutez le beurre salé et le mascarpone. Mélangez.

Sortez les mini cakes, laissez-les refroidir un peu avant de démouler puis trempez-les dans le glaçage.

Placez au réfrigérateur pendant 1 heure avant de servir.

Mini cheesecakes pralin

Préparation : 45 minutes • Difficulté : ★ Budget : ★

Pour 6 personnes

Pour la base

- 100 g de biscuits sablés
- 75 g de beurre mou
- 30 g de sucre roux
- 15 g de cannelle en poudre

- 1 œuf
- 150 g de fromage frais
- 200 g de faisselle
- 1 citron non traité
- 25 g de pralin en poudre
- 50 g de sucre en poudre
- 100 g de lait concentré sucré
- 15 cl de crème liquide entière

Préparez la base. Dans un récipient, mixez les biscuits en chapelure, incorporez le beurre mou, le sucre roux et la cannelle en poudre. Mélangez jusqu'à obtenir une pâte homogène. Répartissez cette pâte dans les moules à tartelettes recouverts de papier sulfurisé. Lissez et réservez au réfrigérateur.

Préparez le garnissage. Fouettez l'œuf, le fromage frais et la faisselle. Râpez le zeste du citron puis pressez-le. Ajoutez le pralin en poudre, le sucre et le lait concentré.

À part, montez la crème en chantilly et ajoutez-la au mélange précédent.

Fouettez de nouveau pour obtenir une texture légère.

Versez la préparation sur le fond des tartelettes. Décerclez les tartelettes et enlevez le papier sulfurisé.

Servez bien frais.

Mini tartes à la mangue

Préparation : 20 minutes • Cuisson : 40 minutes • Repos : 1 heure • Difficulté : ★ Budget : ★

Pour 4 personnes

Pour la base

- 200 g de biscuits sablés
- 75 g de beurre mou
- 30 g de sucre roux

Pour la pâte

- 1 mangue
- 25 cl de lait
- 3 œufs
- 150 g de sucre en poudre
- 70 g de Maïzena
- 1 gousse de vanille
- 25 cl de crème fleurette
- 4 cuil. à soupe de gingembre en poudre

Lavez et épluchez la mangue. Détaillez-la en dés. Faites chauffer le lait.

Pendant ce temps, préparez la base. Mixez les biscuits en chapelure, incorporez le beurre mou et le sucre roux. Mélangez énergiquement pour obtenir une pâte homogène. Répartissez la pâte dans le fond d'un cercle en une couche uniforme. Lissez et gardez au frais.

Dans une terrine, mélangez les œufs, le sucre, la Maïzena, la gousse de vanille, la crème fleurette et le gingembre en poudre. Versez le lait bouillant sur la préparation en mélangeant avec un fouet.

Préchauffez le four à 180 °C (th. 6). Mettez la préparation dans une casserole et portez à ébullition sans cesser de remuer.

Beurrez un moule à manqué ou un emporte-pièce rond, déposez les morceaux de mangue, puis versez le flan par-dessus et enfournez pour 30 minutes. Puis laissez refroidir.

Disposez le flan sur la pâte sablée et réservez au frais pendant 1 heure.

Dégustez bien frais.

Conseil : vous pouvez ajouter en guise de décoration une feuille de menthe ou quelques baies rouges.

Mini tartes au citron et au sablé d'épices

Préparation : 10 minutes • Repos : 1 h 05 • Cuisson : 15 minutes • Difficulté : ★ Budget : ★

Pour 4 à 6 personnes

Pour la pâte sablée

- 250 g de farine
- 125 g de beurre
- 25 g de sucre glace
- 2 cuil. à café d'anis vert
- 1 cuil. à café de gingembre en poudre
- 1 cuil. à café de cannelle en poudre
- 2 cuil. à café de quatre-épices
- 100 g de poudre d'amandes
- Le zeste de 1 citron
- Sel

Pour la crème au citron

- 200 g de sucre en poudre
- 4 œufs
- 4 gouttes d'extrait de vanille liquide
- Le zeste de 1 citron
- 100 g de beurre mou

Préparez la pâte sablée. Dans un saladier, mélangez la farine avec le beurre, le sucre glace, l'anis vert, le gingembre, la cannelle, le mélange quatre-épices, la poudre d'amandes et le zeste de citron, et travaillez l'ensemble jusqu'à ce que le mélange devienne grumeleux. Ajoutez 4 cuil. à soupe d'eau et une pincée de sel et mélangez avec un couteau, jusqu'à ce que les grumeaux commencent à s'agglomérer. Pétrissez la pâte en ajoutant un peu de farine, formez une boule. Enfermez-la dans du film étirable et placez-la au frais pendant 30 minutes.

Préparez la crème au citron. Mélangez le sucre, les œufs et l'extrait de vanille. Ajoutez le zeste du citron et le beurre ramolli. Battez au fouet pour bien faire mousser le mélange. Placez au frais pendant 35 minutes.

Étalez la pâte sur le plan de travail. Découpez-la avec un emporte-pièce de 5 cm de diamètre et enfournez à blanc pendant 15 minutes dans un four préchauffé à 180 °C (th. 6). Laissez refroidir. Garnissez le fond des tartelettes avec une couche de 1 cm de crème au citron. Dégustez bien frais.

Mini triangles à la mousse au chocolat

Préparation : 15 minutes • Cuisson : 4 minutes • Repos : 40 minutes • Difficulté : ★ Budget : ★

Pour 6 personnes

Pour la mousse

- 250 g de chocolat noir
- 150 g de beurre
- 100 g de sucre glace
- 350 g de poudre d'amandes

Pour le glaçage

- 100 g de chocolat au lait aux noisettes
- 2 blancs d'œufs
- Le zeste de 1 citron
- 200 g de sucre glace

Préparez la mousse. Faites fondre le chocolat noir et le beurre 2 minutes au micro-ondes. Mélangez puis ajoutez le sucre glace et la poudre d'amandes. Laissez refroidir.

Préparez le glaçage au chocolat. Faites fondre le chocolat au lait 2 minutes au micro-ondes. Battez les blancs en neige avec le zeste de citron. Sans cesser de battre, ajoutez progressivement le sucre glace et le chocolat fondu. Réservez.

Une fois que le mélange au chocolat est suffisamment compact, formez des boudins. Aplatissez les boudins sur une épaisseur de 3 cm environ. Découpez des triangles à l'aide d'un moule en pâtisserie.

Plongez les triangles dans le glaçage. Placez-les sur une plaque et laissez durcir pendant 40 minutes.

Mini brioches fourrées à la prune

Préparation : 20 minutes • Repos : 4 heures • Cuisson : 50 minutes • Difficulté : ★★ Budget : ★

Pour 6 à 8 personnes

- 7 g de levure boulangère déshydratée
- 200 g de farine
- 25 g de sucre en poudre
- 3 œufs
- 150 g de beurre
- 150 g de confiture de prune
- 1 jaune d'œuf
- Sucre glace
- ½ cuil. à café de sel

Préparez la pâte à brioche. Diluez la levure dans un petit peu d'eau tiède.

Mélangez-la avec la farine, le sucre et le sel. Ajoutez les œufs un à un, sans cesser de remuer. Ajoutez le beurre ramolli. Mélangez jusqu'à ce que la pâte se détache des parois du saladier.

Couvrez la pâte d'un film alimentaire et laissez-la gonfler pendant 3 heures dans un lieu sec.

Écrasez-la avec le poing pour chasser le gaz carbonique, couvrez-la à nouveau d'un film alimentaire et laissez-la gonfler encore 1 heure.

Disposez la pâte dans des mini moules de cuisson. Ajoutez par-dessus une couche de confiture de prunes puis une autre couche de pâte.

Dorez le dessus de la pâte au jaune d'œuf dilué dans un peu d'eau et enfournez à 200 °C (th. 6-7) pour 17 minutes puis baissez le four à 180 °C (th. 6) et continuez la cuisson pendant 30 minutes.

Laissez refroidir puis démoulez les mini brioches et saupoudrez-les de sucre glace.

Dégustez.

Mini cakes à la cannelle

Préparation : 20 minutes • Cuisson : 15 minutes • Difficulté : ★★ Budget : ★

Pour 12 personnes

- 450 g de farine
- 200 g de sucre en poudre
- 1 sachet de levure chimique
- 2 cuil. à soupe de cannelle en poudre
- 200 g de beurre
- 4 œufs
- 40 cl de lait
- Sel

Dans une terrine, mélangez la farine, le sucre, la levure, trois pincées de sel et la cannelle. Creusez une fontaine et ajoutez le beurre ramolli et les œufs. Incorporez progressivement pour ne pas faire de grumeaux puis versez peu à peu le lait. Remuez bien pour obtenir une pâte homogène.

Préchauffez le four à 200 °C (th. 6-7). Beurrez des petits moules individuels et versez-y la pâte. Enfournez pour 15 minutes.

Laissez refroidir, démoulez et servez.

Mini financiers aux amandes nappés au chocolat noir

Préparation : 20 minutes • Cuisson : 25 minutes • Difficulté : ★ Budget : ★

Pour 30 financiers

- 150 g de beurre
- 250 g de sucre glace
- 1 sachet de sucre vanillé
- 150 g de farine
- 135 g de poudre d'amandes
- 5 blancs d'œufs
- 300 g de chocolat noir
- 30 amandes

Placez le beurre dans une casserole et portez-le à ébullition à feu moyen. Maintenez l'ébullition pendant 4 minutes et laissez refroidir.

À part, mélangez le sucre glace, le sucre vanillé, la farine tamisée et la poudre d'amandes dans un cul-de-poule. Travaillez la pâte du bout des doigts, puis versez peu à peu le beurre. Réservez.

Montez les blancs d'œufs en neige et incorporez-les délicatement à la pâte.

Beurrez et farinez les moules à financiers. Placez la pâte dans la poche à douille et remplissez les moules aux ¾. Enfournez-les à 200 °C (th. 6-7) pour 15 minutes.

Laissez-les refroidir avant de démouler.

Pendant ce temps, faites fondre le chocolat au bain-marie. Une fois le chocolat fondu, recouvrez-en le dessus des financiers à l'aide d'un pinceau.

Ajoutez une amande par-dessus. Laissez refroidir puis dégustez.

Mini flans aux baies rouges

Préparation : 20 minutes • Cuisson : 20 minutes • Difficulté : ★ Budget : ★

Pour 6 mini flans

- 500 g de fromage blanc
- 1 citron non traité
- 200 g de sucre en poudre
- 1 sachet de sucre vanillé
- 4 œufs
- 80 g de farine
- 20 cl de crème liquide
- 10 g de beurre
- 1 cuil. à soupe de baies roses
- Sucre glace
- Cacao en poudre

Mettez le fromage blanc dans une passoire pour qu'il s'égoutte bien. Brossez le citron sous l'eau froide et râpez très finement le zeste.

Fouettez le fromage blanc avec le sucre en poudre et le sucre vanillé jusqu'à obtention d'un mélange lisse. Ajoutez les œufs, la farine, la crème liquide et les zestes de citron sans cesser de fouetter.

Préchauffez le four à 180 °C (th. 6). Beurrez légèrement 6 moules individuels et remplissez-les de la préparation. Placez-les dans un grand plat dans lequel vous verserez de l'eau chaude jusqu'à mi-hauteur des moules. Couvrez de papier aluminium et enfournez. Faites cuire pendant 20 minutes.

Sortez les flans du four, retirez les moules du bain-marie et laissez refroidir avant de démouler les flans.

Décorez de baies roses et de sucre glace, puis de cacao en poudre.

Servez aussitôt.

Mini religieuses au chocolat

Préparation : 20 minutes • Repos : 1 heure • Cuisson : 40 minutes • Difficulté : ★ Budget : ★

Pour 6 personnes

Pour la pâte à choux

- 100 g de beurre
- 5 cl de lait
- 10 g de sucre en poudre
- 150 g de farine de blé
- 4 œufs
- 1 jaune d'œuf
- Sel

Pour la crème

- 25 cl de lait
- 2 jaunes d'œufs
- 50 g de sucre en poudre
- 30 g de farine
- 90 g de praliné
- 10 cl de crème liquide entière

Pour le glaçage

- 200 g de chocolat noir
- 4 cl d'huile d'arachide

Préchauffez le four à 200 °C (th. 6-7). Préparez la pâte à choux. Faites bouillir le beurre avec 20 cl d'eau, le lait, le sucre et une pincée de sel. Ajoutez la farine tamisée et mélangez. Faites cuire pendant 2 minutes. Laissez refroidir, ajoutez les œufs, un à un puis mélangez jusqu'à obtenir un ruban un peu cassant. À l'aide d'une poche à douille, couchez 15 grands choux et 15 petits. Dorez-les avec un jaune d'œuf. Enfournez 15 minutes. Faites une entaille dans chaque chou et remettez la plaque dans le four éteint pendant 5 minutes.

Préparez la crème. Faites bouillir le lait. Blanchissez les jaunes d'œufs en les fouettant avec le sucre. Ajoutez la farine et le lait, remettez le tout dans la casserole et faites cuire 3 minutes. Retirez du feu et incorporez le praliné. Mettez l'appareil à refroidir dans un film alimentaire en plastique. Montez la crème liquide en chantilly et incorporez-la délicatement à la crème précédente. À l'aide d'une poche à douille, garnissez les choux avec la crème pralinée.

Préparez le glaçage. Faites fondre le chocolat au bain-marie. Ajoutez l'huile d'arachide et laissez refroidir. Trempez les choux dans le glaçage et dressez les petits sur les gros. Réservez au réfrigérateur pendant 1 heure avant de déguster.

Mini soufflés à la framboise

Préparation : 10 minutes • Cuisson : 15 minutes • Difficulté : ★ Budget : ★

Pour 4 personnes

- 6 blancs d'œufs
- 120 g de sucre en poudre
- Huile végétale
- 200 g de framboises
- Sel

Montez les blancs d'œufs en neige avec une pincée de sel. Incorporez-leur 90 g de sucre en poudre.

Huilez les moules à soufflé aux pinceaux. Saupoudrez chacun avec un peu de sucre. Réservez quelques framboises et roulez le reste dans le sucre. Puis ajoutez-les aux blancs d'œufs.

Versez la préparation dans les moules sans les remplir complètement et enfournez à 180 °C (th. 6) pour 15 minutes.

Dégustez chaud ou tiède.

Mini tartelettes aux fruits rouges

Préparation : 10 minutes • Repos : 1 heure • Cuisson : 22 minutes • Difficulté : ★ Budget : ★

Pour 4 personnes

- 1 pâte brisée
- 50 g de fruits rouges surgelés
- 1 feuille de gélatine
- 40 g de sucre en poudre

Trois heures avant de commencer à cuisiner, faites décongeler les fruits rouges et récupérez 20 cl de jus.

Découpez des cercles dans la pâte brisée et remplissez les moules à tartelettes. Recouvrez-les de papier d'aluminium et enfournez à 180 °C (th. 6) pour 20 minutes. Laissez refroidir.

Préparez la gélatine. Faites fondre la feuille de gélatine dans le jus des fruits rouges récupéré lors de la décongélation, à feu moyen. Maintenez à ébullition 1 minute et retirez du feu. Ajoutez le sucre.

Versez la gelée sur les fonds de tartelettes et couvrez avec les fruits entiers.

Placez les tartelettes pendant 1 heure au réfrigérateur.

Servez bien frais.

Mini tartelettes aux myrtilles

Préparation : 10 minutes • Cuisson : 20 minutes • Difficulté : ★ Budget : ★

Pour 6 personnes

- 1 pâte brisée
- 100 g de myrtilles

Pour la crème pâtissière

- 4 jaunes d'œufs
- 200 g de sucre en poudre
- 100 g de farine
- 1 l de lait
- 1 gousse de vanille

Préparez la crème pâtissière. Mélangez les jaunes d'œufs avec le sucre jusqu'à ce qu'ils blanchissent. Ajoutez la farine et rallongez si nécessaire avec un peu de lait.

Mettez le lait avec la vanille à chauffer pendant 3 minutes à feu moyen. Lorsque le lait est tiède, ajoutez le mélange œufs/farine. Mélangez au fouet jusqu'à ébullition. Retirez du feu et laissez refroidir.

Étalez la pâte sur le plan de travail fariné. Découpez-y 20 petits disques à l'aide d'un emporte-pièce de 5 cm de diamètre. Garnissez-en 20 petits moules à tartelettes. Piquez les fonds avec une fourchette et enfournez à blanc pendant 10 minutes à 200 °C (th. 6-7). Laissez refroidir.

Démoulez les tartelettes et remplissez-les de crème pâtissière. Décorez avec les myrtilles.

Mettez au frais jusqu'au moment de déguster.

Montecao aux raisins

Préparation : 20 minutes • Cuisson : 15 minutes • Difficulté : ★ Budget : ★

Pour 6 personnes

- 500 g de farine
- 250 g de saindoux
- 250 g de sucre en poudre
- ¼ cuil. à café de levure chimique
- 150 g de raisins secs
- ¼ cuil. à café de cannelle en poudre

Mélangez la farine avec le saindoux, le sucre et la levure jusqu'à obtenir une pâte homogène.

Détaillez en petites boules. Disposez-les sur une feuille en appuyant le pouce au milieu afin d'y former un petit cratère. Placez-y quelques raisins et saupoudrez de cannelle.

Enfournez à 160 °C (th. 5-6) pour 15 minutes.

Servez les biscuits au goûter avec du thé ou du café.

Mousse à la noix de coco et au coulis de chocolat

Préparation : 30 minutes • Cuisson : 10 minutes • Repos : 3 heures • Difficulté : ★★ Budget : ★

Pour 4 personnes

- 25 cl de crème fleurette
- 25 cl de lait de coco
- 2 cuil. à café d'agar-agar
- 60 g de sucre en poudre
- 15 g de noix de coco râpée
- 100 g de chocolat noir

Placez la crème fleurette au freezer, afin qu'elle soit très froide.

Faites chauffer le lait de coco. Retirez du feu. Faites-y dissoudre l'agar-agar. Mélangez au fouet jusqu'à dissolution complète puis ajoutez le sucre.

Incorporez la noix de coco râpée, puis laissez refroidir en remuant de temps à autre.

Fouettez énergiquement la crème liquide et incorporez-la à la crème de coco refroidie.

Versez la mousse obtenue dans un ramequin beurré et mettez au frais durant 3 heures.

Pendant ce temps, faites fondre le chocolat noir au bain-marie.

Démoulez la mousse.

Servez accompagné du coulis de chocolat.

Conseil : pour préparer le décor en chocolat, faites fondre 30 g de chocolat noir au bain-marie, faites une petite poche avec du papier sulfurisé. Découpez le bout et dessinez votre forme sur du papier sulfurisé. Laissez durcir au réfrigérateur avant de décoller.

Mousse au citron

Préparation : 15 minutes • Repos : 2 heures • Difficulté : ★ Budget : ★

Pour 6 personnes

- 2 citrons non traités
- 3 œufs
- 50 g de sucre en poudre
- 250 g de mascarpone

Lavez les citrons, prélevez le zeste et récupérez le jus.

Dans un cul-de-poule, séparez le blanc des jaunes d'œufs. Fouettez les jaunes avec 25 g de sucre jusqu'à ce que le mélange blanchisse. Incorporez le zeste et le jus des citrons, puis le mascarpone. Fouettez énergiquement jusqu'à ce qu'il n'y ait plus de grumeaux.

Montez les blancs en neige. Ajoutez 25 g de sucre et battez de nouveau pour raffermir les blancs.

Incorporez délicatement les blancs au mélange jaunes d'œufs-mascarpone.

Remplissez les verrines et décorez avec les zestes de citron.

Réservez au frais pendant 2 heures avant de servir.

Mousse aux copeaux de chocolat et de noix de coco

Préparation : 20 minutes • Cuisson : 5 minutes • Repos : 1 heure • Difficulté : ★ Budget : ★

Pour 4 personnes

- 15 cl de crème liquide entière
- 3 œufs
- 2 cuil. à soupe de sucre en poudre
- 220 g de chocolat pâtissier
- 10 g de beurre
- 15 g de chocolat blanc
- 60 g de noix de coco

Faites refroidir un saladier en métal au congélateur, versez-y la crème liquide, ajoutez quelques glaçons et battez au batteur électrique à vitesse maximale pour obtenir de la crème chantilly. Réservez au frais.

Séparez les blancs des jaunes. Montez les blancs en neige et incorporez le sucre petit à petit tout en continuant à battre.

Faites fondre le chocolat au bain-marie et ajoutez-y le beurre coupé en petits morceaux. Mélangez bien. Retirez le chocolat du bain-marie puis ajoutez-y les jaunes d'œufs.

À l'aide d'une spatule en bois, incorporez délicatement les blancs en neige, puis la crème chantilly.

Versez la mousse dans de petites verrines et mettez au réfrigérateur pendant au moins 1 heure.

Au moment de servir, râpez quelques copeaux de chocolat noir et blanc et parsemez le tout de noix de coco en poudre.

Servez frais.

Muffin au chocolat noir fourré à la vanille

Préparation : 30 minutes • Congélation : 24 heures • Cuisson : 30 minutes • Difficulté : ★ Budget : ★

Pour 6 à 8 personnes

Pour la crème vanillée

- 17 cl de lait
- 1 jaune d'œuf
- 50 g de sucre en poudre
- 15 g de farine
- 1 gousse de vanille

- 200 g de farine
- 2 cuil. à café de levure chimique
- 2 cuil. à soupe de cacao amer en poudre
- 100 g de chocolat noir
- 50 g de margarine
- 3 œufs
- Beurre
- Sucre glace

La veille, préparez la crème vanillée. Faites bouillir le lait. Pendant ce temps, fouettez le jaune d'œuf et le sucre jusqu'à ce que le mélange blanchisse. Ajoutez la farine et le lait bouillant sans cesser de remuer. Remettez dans la casserole et faites cuire en remuant jusqu'à ce que le mélange épaississe. Laissez refroidir un peu avant d'incorporer la gousse de vanille. Versez la crème dans un bac à glaçons et laissez reposer au congélateur jusqu'au lendemain.

Préchauffez le four à 180 °C (th. 6) et beurrez les moules à muffins.

Mélangez dans un saladier la farine, la levure et le cacao en poudre. Faites fondre au bain-marie le chocolat avec la margarine, puis retirez du feu. Incorporez les œufs un à un en mélangeant énergiquement jusqu'à obtenir une pâte homogène.

Répartissez la moitié de la pâte dans les moules puis démoulez les dés de crème congelée et disposez-en un au centre de chaque moule. Finissez de remplir les moules avec le reste de la pâte et enfournez aussitôt pour 15 minutes.

Laissez refroidir 5 minutes avant de démouler puis saupoudrez de sucre glace.

Muffins aux myrtilles

Préparation : 15 minutes • Cuisson : 20 minutes • Difficulté : ★ Budget : ★

Pour 10 à 12 muffins

- 260 g de farine
- ½ sachet de levure chimique
- 160 g de sucre en poudre
- 2 œufs
- 8 cl d'huile de tournesol
- 12 cl de lait
- 200 g de myrtilles
- Beurre
- Sucre glace
- Sel

Préchauffez le four à 180 °C (th. 6).

Dans un saladier, versez la farine, la levure, le sucre et une pincée de sel. Dans un autre récipient, battez les œufs avec un fouet. Ajoutez l'huile et le lait. Mélangez les deux préparations jusqu'à obtenir une pâte homogène.

Ajoutez les myrtilles, mélangez à nouveau sans trop travailler la pâte.

Beurrez et farinez les moules à muffins. Puis remplissez-les avec la pâte.

Enfournez pour 20 minutes.

Laissez refroidir et démoulez les muffins.

Saupoudrez les gâteaux de sucre glace avant de servir.

Muffins au chocolat et aux fruits rouges

Préparation : 10 minutes • Cuisson : 20 minutes • Difficulté : ★ Budget : ★

Pour 6 à 8 personnes

- 2 œufs
- 175 g de sucre en poudre
- 150 g de chocolat pâtissier
- 180 g de beurre
- 200 g de farine
- 1 sachet de levure chimique
- 15 cl de lait
- 100 g de mûres
- 100 g de groseilles

Faites préchauffer votre four à 180 °C (th. 6).

Dans un saladier, mélangez au fouet les œufs et le sucre jusqu'à ce que le mélange blanchisse.

Faites fondre le chocolat et le beurre à feu doux et incorporez-les au mélange œufs/sucre.

Ajoutez au fur et à mesure la farine et la levure en mélangeant, puis le lait pour obtenir une consistance onctueuse. Enfin, versez les mûres et les groseilles dans la pâte obtenue.

Remplissez des moules à muffin avec la pâte et enfournez pendant 20 minutes.

Démoulez puis servez chaud ou tiède.

Muffins aux pépites de chocolat

Préparation : 15 minutes • Cuisson : 20 minutes • Difficulté : ★ Budget : ★

Pour 12 muffins

- 125 g de beurre
- 300 g de farine
- 120 g de sucre en poudre
- 1 cuil. à café de levure chimique
- 2 œufs
- 20 cl de lait entier
- 100 g de pépites de chocolat

Préchauffez le four à 200 °C (th. 6-7).

Dans une casserole, faites fondre doucement le beurre.

Mélangez la farine, le sucre et la levure chimique. Délayez les œufs avec le lait et le beurre fondu et ajoutez-les à la préparation farine-sucre-levure. Mélangez jusqu'à obtenir une pâte homogène.

Ajoutez les pépites de chocolat et versez la pâte dans des moules à muffins préalablement beurrés.

Enfournez-les et faites cuire pendant 20 minutes.

Lorsqu'ils sont bien dorés, sortez-les du four et laissez refroidir avant de servir.

Pain d'épices aux fruits secs

Préparation : 10 minutes • Cuisson : 1 heure • Difficulté : ★ Budget : ★

Pour 6 personnes

- 5 cuil. à soupe de lait
- 125 g de sucre en poudre
- 125 g de miel
- 250 g de farine
- 1 cuil. à café de cannelle en poudre
- 1 sachet de levure chimique
- 150 g de fruits secs entiers
- 30 g de beurre
- Sel

Faites chauffer 5 cuil. à soupe d'eau et le lait, versez-y le sucre et le miel.

Dans un saladier, mélangez la farine avec une pincée de sel, une pincée de cannelle et la levure chimique. Incorporez le mélange précédent. Ajoutez les fruits secs.

Beurrez généreusement un moule à cake et versez-y la préparation. Enfournez à 180 °C (th. 6) pour 1 heure.

Démoulez et laissez refroidir sur une grille, puis découpez en petits morceaux avant de déguster.

Conseil : vous pouvez aussi ajouter des fruits confits, des pignons, des noix...

Tartelettes aux myrtilles au coulis de framboises

Préparation : 15 minutes • Cuisson : 20 minutes • Difficulté : ★ Budget : ★

Pour 4 personnes

- 1 pâte brisée
- 250 g de framboises
- 50 g de sucre en poudre
- Le jus de 1 citron
- 200 g de myrtilles

Étalez la pâte brisée. Découpez plusieurs disques de la taille des moules à tartelettes. Garnissez les moules de pâte. Piquez la pâte avec une fourchette et enfournez à blanc pour 10 minutes à 200 °C (th. 6-7).

Mixez les framboises et passez-les au chinois. Ajoutez le sucre et le jus de citron. Mélangez.

Nappez le fond des tartelettes avec le coulis de framboises et couvrez avec les myrtilles.

Enfournez à 180 °C (th. 6) pour 10 minutes. Dégustez tiède.

Tartelettes aux raisins meringuées

Préparation : 20 minutes • Cuisson : 35 minutes • Difficulté : ★ Budget : ★

Pour 6 à 8 personnes

- 1 pâte sablée
- 200 g de raisins verts

Pour la crème pâtissière

- 4 jaunes d'œufs
- 200 g de sucre en poudre
- 100 g de farine
- 1 l de lait
- 1 gousse de vanille

Pour la meringue

- 2 blancs d'œufs
- 100 g de sucre en poudre
- Sel

Préparez la crème pâtissière. Mélangez les jaunes d'œufs avec le sucre jusqu'à ce qu'ils blanchissent. Ajoutez la farine et rallongez si nécessaire avec un peu de lait. Mettez le lait avec la vanille à chauffer pendant 3 minutes à feu moyen. Lorsque le lait est tiède, ajoutez le mélange œufs-farine. Mélangez au fouet jusqu'à ébullition. Retirez du feu et laissez refroidir.

Étalez la pâte sur le plan de travail fariné. Découpez-y 20 petits disques à l'aide d'un emporte-pièce de 5 cm de diamètre. Garnissez-en 20 petits moules à tartelettes. Piquez les fonds avec une fourchette et enfournez à blanc 10 minutes à 200 °C (th. 6-7). Laissez refroidir les tartelettes.

Préparez la meringue. Montez les blancs d'œufs en neige en ajoutant progressivement le sucre et une pincée de sel. Avec une poche à douille, faites des petits tas sur une plaque à four recouverte de papier sulfurisé. Enfournez à 150 °C (th. 5) pour 25 minutes. Laissez refroidir. Les meringues doivent être un peu molles.

Démoulez les tartelettes et remplissez-les de crème pâtissière. Disposez une couche de raisins puis couvrez avec une meringue.

Mettez au frais jusqu'au moment de déguster.

Tartelettes de potiron aux raisins secs

Préparation : 10 minutes • Cuisson : 30 minutes • Difficulté : ★ Budget : ★

Pour 6 à 8 personnes

- 250 g de potiron
- 2 œufs
- 2 cuil. à soupe de farine
- 50 g de sucre en poudre
- ¼ cuil. à café de cannelle en poudre
- 100 g de raisins secs
- 10 cl de lait
- 1 pâte brisée

Détaillez grossièrement la chair du potiron et faites-la cuire pendant 20 minutes dans 1 l d'eau. Laissez refroidir et mixez.

Dans un saladier, fouettez les œufs, la farine, le sucre et la cannelle. Ajoutez la purée de potiron et les raisins secs et incorporez le lait petit à petit sans cesser de mélanger.

Étalez la pâte sur le plan de travail fariné. Découpez-y 20 petits disques à l'aide d'un emporte-pièce de 5 cm de diamètre. Garnissez-en 20 petits moules à tartelettes. Piquez le fond des moules avec une fourchette et remplissez avec la purée de potiron aux raisins.

Enfournez 10 minutes à 200 °C (th. 6-7).

Dégustez chaud ou froid.

Tartelettes aux framboises citronnées

Préparation : 15 minutes • Cuisson : 25 minutes • Difficulté : ★ Budget : ★

Pour 20 tartelettes

- 1 pâte brisée
- 150 g de framboises
- Sucre glace

Pour la crème au citron

- 17 cl de lait
- 1 jaune d'œuf
- 50 g de sucre en poudre
- 15 g de Maïzena
- Le jus de ½ citron

Étalez la pâte sur le plan de travail fariné. Découpez-y 20 petits disques à l'aide d'un emporte-pièce de 5 cm de diamètre. Garnissez-en 20 petits moules à tartelettes Piquez les fonds avec une fourchette et enfournez à blanc pendant 10 minutes à 200 °C (th. 6-7). Laissez refroidir avant de démouler.

Préparez la crème pâtissière. Faites bouillir le lait. Dans un saladier, mélangez le jaune d'œuf et le sucre au fouet jusqu'à ce qu'ils blanchissent. Ajoutez la Maïzena et versez le lait bouillant sans cesser de remuer.

Remettez dans la casserole et faites cuire en remuant jusqu'à ce que le mélange épaississe. Laissez refroidir un peu avant d'incorporer le jus de citron.

Garnissez le fond des tartelettes avec la crème et couvrez avec les framboises.

Saupoudrez de sucre glace.

Réservez au frais jusqu'au moment de servir.

Tiramisu en verrine

Préparation : 15 minutes • Repos : 30 minutes • Cuisson : 5 minutes • Difficulté : ★ Budget : ★

Pour 6 verrines

- 40 cl de café liquide froid
- 2 œufs
- 40 g de sucre roux
- 200 g de mascarpone
- 100 g de biscuits à la cuiller
- 25 g de cacao en poudre

Préparez du café corsé.

Montez les blancs en neige. Battez les jaunes et le sucre jusqu'à obtention d'un mélange onctueux. Ajoutez le mascarpone. Incorporez délicatement les blancs à l'appareil. Réservez 30 minutes au frais.

Trempez les biscuits dans le café et disposez-en une couche dans le fond des verrines.

À l'aide d'une poche à douille, couvrez de mousse. Répétez l'opération jusqu'à ce que les verrines soient remplies et saupoudrez de cacao.

Servez bien frais.

Toasts maison au sirop d'érable et aux fraises

Préparation : 10 minutes • Cuisson : 3 minutes • Difficulté : ★ Budget :★

Pour 4 à 6 personnes

- 6 tranches de pain de mie complet
- 150 g de fraises
- 30 g de sirop d'érable

Faites griller les tranches de pain de mie.

Découpez les toasts en quatre afin d'obtenir des petits carrés.

Lavez et coupez les fraises en deux dans le sens de la hauteur.

Disposez-les sur les toasts grillés et arrosez de sirop d'érable.

Dégustez.

Truffes choco-gingembre

Préparation : 20 minutes • Repos : 2 heures • Cuisson : 10 minutes • Difficulté : ★ Budget : ★

Pour 20 truffes

- 200 g de chocolat noir à 70 % de cacao
- 50 g de gingembre confit
- 15 cl de crème fleurette
- 25 g de beurre
- 50 g de cacao en poudre non sucré

Cassez le chocolat en morceaux et mettez-les dans un saladier avec le gingembre confit râpé.

Dans une casserole, chauffez à feu doux la crème fleurette et le beurre. Retirez à la première ébullition et incorporez l'appareil au chocolat. Mélangez délicatement jusqu'à ce que le mélange soit bien lisse. Placez un frais pendant 1 heure.

Versez le cacao dans une petite assiette. Prélevez 1 cuil. à café de chocolat et formez une boule avec vos mains.

Roulez-la dans l'assiette de cacao et répétez l'opération jusqu'à terminer le chocolat.

Mettez-les au frais pendant 1 heure minimum avant de déguster.

Truffes aux éclats d'amandes et de pistaches

Préparation : 20 minutes • Repos : 2 heures • Cuisson : 4 minutes • Difficulté : ★ Budget : ★

Pour 6 personnes

- 200 g de chocolat noir à 70 % de cacao
- 15 cl de crème fleurette
- 25 g de beurre
- 30 g d'amandes
- 30 g de pistaches
- 30 g de noix

Cassez le chocolat en morceaux et mettez-les dans un saladier.

Dans une casserole, chauffez à feu doux la crème fleurette et le beurre. Retirez à la première ébullition et incorporez l'appareil au chocolat. Mélangez délicatement jusqu'à ce que le mélange soit bien lisse. Placez un frais pendant 1 heure.

Pendant ce temps, pilez les amandes, les pistaches et les noix afin d'obtenir des éclats. Versez le mélange dans une petite assiette.

Prélevez 1 cuil. à café de chocolat et formez une boule avec vos mains.

Roulez-la dans le mélange de fruits secs et répétez l'opération jusqu'à terminer le chocolat.

Mettez-les au frais pendant 1 heure minimum avant de déguster.

Verrines au chocolat

Préparation : 10 minutes • Cuisson : 10 minutes • Difficulté : ★ Budget : ★

Pour 4 personnes

- 150 g de chocolat noir
- 50 g de sucre glace
- 15 cl de crème liquide entière
- 10 biscuits secs
- 30 g d'amandes
- Fleurs en chocolat

Faites fondre le chocolat au bain-marie. Ajoutez le sucre glace et la crème liquide. Mélangez.

Laissez de côté un peu de chocolat fondu pour y tremper les biscuits.

Remplissez la moitié des verrines avec le reste de chocolat à la crème. Réservez.

Trempez les biscuits dans le chocolat fondu restant et remplissez la seconde moitié des verrines avec. Nappez le tout avec le chocolat.

Saupoudrez de sucre glace et ajoutez quelques amandes ou des fleurs en chocolat en guise de décoration.

Verrines crème de mûres

Préparation : 20 minutes • Repos : 1 heure • Cuisson : 15 minutes • Difficulté : ★ Budget : ★

Pour 8 verrines

- 500 g de mûres
- 100 g de sucre en poudre
- Le jus de 1 citron

Pour la crème pâtissière

- 4 jaunes d'œufs
- 100 g de sucre en poudre
- 25 g de farine
- 200 g de mascarpone
- 25 cl de lait

Dans une casserole, faites cuire les mûres, le sucre et le jus de citron, pendant 15 minutes, en remuant de temps en temps. Passez au chinois et réservez.

Préparez la crème pâtissière. Battez les jaunes d'œufs et le sucre, jusqu'à ce qu'ils blanchissent. Ajoutez la farine, le mascarpone et le lait chaud. Mélangez.

Mettez l'appareil sur feu moyen et fouettez jusqu'à ébullition. Retirez du feu, lorsque la crème est onctueuse et accroche le fouet. Laissez refroidir.

Versez la crème dans les verrines et couvrez avec une couche de coulis de mûres. Décorez avec quelques fruits entiers.

Réservez au réfrigérateur 1 heure avant de déguster.

P. 10, 58 : © Tilio & Paolo - Fotolia.com ; P. 12, 16, 104, 150 : © Marc Roche - Fotolia.com ; P. 14 : © Elisabeth Coelfen - Fotolia.com ; P. 18, 22, 54, 60, 72, 178 : © Evgenyb - Fotolia.com ; P. 24, 48 : © Monkey Business - Fotolia.com ; P. 26, 190 : © Emmanuelle Guillou - Fotolia.com ; P. 28 : © Emmanuel Féré - Fotolia.com ; P. 30, 100, 180 : © SimpleImage - Fotolia.com ; P. 32 : © Dailyfood - Fotolia.com ; P. 34 : © Eric Bernatets - Fotolia.com ; P. 36, 74 : © Paul Binet - Fotolia.com ; P. 38 : © Fotolia IV - Fotolia.com ; P. 40 : © Boris Ryzhkov - Fotolia.com ; P. 42 : © Teressa - Fotolia.com ; P. 44, 114, 126, 142 : © Yves Roland - Fotolia.com ; P. 46 : © Olga Nayashkova - Fotolia.com ; P. 50 : © Nathalie Dulex - Fotolia.com ; P. 52, 80, 120, 128 : © Paul Cowan - Fotolia.com ; P. 56 : © Julie Legrand - Fotolia.com ; P. 62, 172, 184 : © Robynmac - Fotolia.com ; P. 64, 92, 94 : © ChantalS - Fotolia.com ; P. 66 : © Bailey: Image - Fotolia.com ; P. 68 : © Dušan Zidar - Fotolia.com ; P. 70 : © Maurice Metzger - Fotolia.com ; P. 76 : © Eric Matveeff - Fotolia.com ; P. 8, 20,78 : © Barbara Pheby - Fotolia.com ; P. 82 : © Brett Mulcahy - Fotolia.com ; P. 84 : © Ramon Grosso - Fotolia.com ; P. 86 : © Erick Nguyen - Fotolia.com ; P. 88, 98 : © Dreambigphotos - Fotolia.com ; P. 90 : © Beatrice Preve - Fotolia.com ; P. 96 : © Liv Friis-larsen - Fotolia.com ; P. 102 : © Yekaterina Choupova - Fotolia.com ; P. 106, 146 : © Richard Villalon - Fotolia.com ; P. 108 : © Bernd Kröger - Fotolia.com ; P. 110, 116, 124, 134, 152, 170, 174, 192 : © Lucky Dragon - Fotolia.com ; P. 112 : © pgm - Fotolia.com ; P. 118 : © Andrey Smirnov - Fotolia.com ; P. 122 : © Mikko Pitkänen - Fotolia.com ; P. 130 : © Daniel Schweinert - Fotolia.com ; P. 132 : © Jérôme Salort - Fotolia.com ; P. 136 : © Elnur - Fotolia.com ; P. 138 : © Martine A Eisenlohr - Fotolia.com ; P. 140 : © Gylma - Fotolia.com ; P. 144, 188 : © Orlando Bellini - Fotolia.com ; P. 148 : © Tatyana Nyshko - Fotolia.com ; P. 154, 176 : © Liddy Hansdottir - Fotolia.com ; P. 156 : © Silver Chopsticks - Fotolia.com ; P. 158 : © Viktor - Fotolia.com ; P. 160 : © Sébastien Montier - Fotolia.com ; P. 162 : © Douglas Freer - Fotolia.com ; P. 164 : © Monika Adamczyk - Fotolia.com ; P. 166 : © David Mathieu - Fotolia.com ; P. 168 : © Delphine - Fotolia.com ; P. 182 : © Elio Zoppi - Fotolia.com ; P. 186 : © Marylooo - Fotolia.com